Josephine Biebel

Romania - trezeste-te!

Productia si tiparul: BoD – Books on Demand, Nordersted

Informatii bibliografice Deutrschen National Library:

Biblioteca Nationala a Germaniei enumera aceasta publictie in bibliografia nationala germana; date bibliografice detaliate sunt disponibile pe Internet http://dnb.dnb.de

© 2016 Josephine Biebel

Productia si tiparul:

BoD – Books on Demand, Nordersted

ISBN: 978-3-7431-8076-5

Romania - trezeste-te!

Josephine Biebel

Cuprins

Conationalii mei dragi! 07

A inceput cu Lemuria si Atlantida 08

Atlanti in Romania 09

Si sa inainteze spre Noua Epoca de Aur 14

Produse alimentare, bauturi si droguri: 15

Oameni, animale, plante, microorganisme, minerale: ... 20

Femei si copii: 22

Somn, odihna si starea de spirit: 24

Magia cuvintelor si puterea gandului: 26

Trimiterea energiilor: 33

Cum sa transformi pericolul ascuns: 36

Energie christica: 41

Glosar 44

Cele opt corpuri - dinspre interior spre exterior 53

Pune totul in miscare! 57

Recunostinta 58

Note personale 59

Conationalii mei dragi!

Oriunde ati trai in lume, mesajul acesta se adreseaza voua tuturor. Acest mesaj vine de la mine: Lucratoare in lumina* si Vindecatoare*.

Parintii mei cosmici* sunt zeita Shakti* si Arhanghelul Rafael*. Mama mea cosmica mi-a daruit abilitatea de a raspandi energiile divine feminine*. Tatal meu cosmic mi-a dat puteri de vindecare. Eu insami apartin fiintelor angelice.

Sufletul meu pereche* provine din cel mai vechi dintre universuri, din Quadril 5. Quadrilienii isi pot parasi universul de acasa doar folosind un alt suflet, de obicei, ei cauta un inger*. Asa ca el a ales sufletul meu de inger.

Misiunea vietii mele (Scopul vietii*): Inainte de a ne incarna, sufletele noastre isi stabilesc un plan al sufletului*. Planul sufletului meu este de a elibera Romania de karma* sa. Acum, mi s-a comunicat ca sunt pregatita si este timpul sa-mi urmez planul sufletului.

A inceput cu Lemuria si Atlantida.

Lemuria si Atlantida au avut civilizatii mult superioare tuturor celorlalte continente. Atlantii au decis in cele din urma ca ar trebui sa instruiasca si celelalte continente, in schimb Lemuria nu a fost de acord cu interventia in dezvoltarea naturala a celorlalte popoare. Dezacordul a dus la razboi, Atlantii au castigat.

Acesta a reprezentat momentul intunericului*. Ei au venit din imensitatea universului, au aterizat in Atlantida si au "ajutat" la organizarea lumii. AtlanTii din Nord au acceptat "ajutorul", cei din Sud i-au tinut la distanta, sceptici. Dar nici unii, nici alTii, nu si-au dat seama la timp de adevaratele lor intentii.

La fel ca si corpul uman care se elibereaza de agenti patogeni prin febra, Pamantul* se elibereaza de energiile nocive prin catastrofele naturale. Pe scurt, Pamantul a dus Lemuria si Atlantida la pieire.

Toti cei care au fost de partea intunericului, cu buna stiinta sau nu, au amplificat karma. Aceasta Karma a fost att de puternica, incat nici pana in prezent nu a fost arsa. Lemuria s-a scufundat in urma cu 50.000 de ani, Atlantida in urma cu 18.000 de ani. Toti cei care au fost de partea intunericului au contribuit la disparitia Lemuriei sau a Atlantida.

Intunericul a modelat treptat lumea sa devina asa cum o stim astazi: cativa care ii domina pe toti ceilalti, maestrii ai banilor si bancilor, ai mass-media si multimedia, ai educatiei, stiintei, politicii si economiei.

Atlanti in Romania

Atlantida a inceput sa se imparta in doua tabere. Una dintre ele s-a alaturat fortelor intunericului. Adica: au creat o societate elitista, patriarhala, care s-a divizat in bogati si saraci, au incepu sa faca diferite experimente pe oameni, animale sau plante si chiar au folosit magia neagra.

Cealalta tabara a ramas fidela vechilor valori: nu exista nici bogatie si nici saracie, nici o creatura nu era mai mult sau mai putin valoroasa decat celelalte, toate fiintele erau tratate cu respect si doar puterea spirituala divina era pusa in folosul tuturor, in locul magiei negre; energiile masculine si feminine se aflau in echilibru.

Primele semne ca Atlantida urma sa se scufunde, au fost consecintele. Lemuria a dat primul exemplu. Zone sau chiar continente intregi se scufunda atunci cand sunt grevate de energii negative, dar se ridica din nou din adancuri, atunci cand energiile pozitive prevaleaza din nou.

Multi Atlanti dintre cei care au dorit sa-si pastreze vechile valori, au parasit Atlantida. N-au mai intrezarit nici o sansa de a alunga fortele intunericului si si-au parasit caminul, mergand pe continent. In urma cu 34.000 de ani, primii atlanTii au intrat in Peninsula afro-asiatica, numita acum Arabia. De-a lungul timpului, si-au extins teritoriul, nu in ultimul rand pentru ca alti atlanti s-au mutat pe continent, punand bazele civilizatiei egiptene pe Delta Nilului* si de-a lungul cursului nordic al fluviului.

Din Egipt si Arabia, atlantii au inaintat spre nord. Ei si-au lasat amprentele in Marea Mediterana, au fondat orase, inclusiv Santorini*, o insula inca conectata, precum si Bizantul*. Extinderea lor spre miazanoapte a ajuns pana in partea de nord a teritoriului actual al Romaniei. Intre timp, au fondat orasul Baia Mare*.

Din nordul Romaniei, unii au migrat mai spre vest si s-au stabilit printre oamenii ce traiau pe teritoriul actual al Timisoarei*. Atlantii au ridicat in apropierea zonei rurale un oras in stilul civilizatiei lor avansate.

Atlantii care au emigrat, contrar opiniei populare, au pastrat o distanta de respect fata de populatia locala, nu le-au impus cultura lor superioara si nu au intervenit in dezvoltarea lor naturala. Iar acesti Atlanti au trait pasnic, precum odinioara stramosii lor nobili din vremea perioadei timpurii a Atlantidei. Ei ar fi putut in orice moment sa-i infrunte pe omuletii care le cumparau pamanturile si care nu stiau nimic despre fierarit sau despre arme. Dar n-au facut acest lucru, din respect pentru localnici. Viata lor linistita a facut ca localnicii sa nu se mai teama de Atlantii uriasi si mai civilizati decat ei. Eu au trait pasnic impreuna, fara violenta.

Oricate eforturi au facut atlantii emigrati pe continent de a-si mentine nobilele lor valori culturale, nu au reusit sa se opuna expansiunii continue a fortelor intunericului. Falsa istoriografie, institutiile de invatamant, politica, afacerile, banii si bancile sunt institutii ale intunericului, aflate in mainile fortelor intunecate. Lumea de astazi se duce inapoi in trecutul indepartat.

Romania este una dintre acele tari care nu s-au plecat in fata intunericului si a ramas libera si independenta, asa cum a facut-o omenirea odinioara. La tara, romanii traiau din produsele proprii, iar la oras functiona trocul. Ambele stiluri de viata nu necesitau bani, scapand astfel de sub controlul fortelor intunericului.

Numai pentru o perioada scurta de timp, a castigat teren intunericul in Romania, odata cu caderea Constantinopolului*, fostul Bizant, din 1453. A devenit din ce in ce mai dificila mentinerea in lumina a teritoriilor aflate in Romania de azi. Lumea spiritelor a trimis pe Pamant un Lucrator in lumina. E inutil sa mai spunem ca tocmai Romania a primit acest lucrator in lumina. In Romania, se intrupau mai ales fiinte angelice. Si pentru a anticipa putin: Chiar si sufletul ex-regelui Mihai este de esenta angelica.

Printre multe alte fiinte incarnate, s-au intrupat si suflete Cetacee* in corpuri umane, dar acestea au fost limitate la momentul respectiv la zonele care astazi alcatuiesc statul Romania. Mai ales lor se datoreaza faptul ca intunericul nu a castigat destul de mult teren in Romania. Vlad Tepes, cunoscut in strainatate drept personajul Dracula, a fost o astfel de intrupare de suflet Cetaceu.

Chiar si in acea perioada, de Renastere, intunericul ar fi putut invinge pe pamantul romanesc. Sufletele Cetacee au reusit sa-si extinda activitatea lor luminoasa in Europa de Est, dar actiunea intunericului a continuat in afara Romaniei.

De ce s-a intamplat asa? Inainte de intrupare, sufletele discuta despre planurile fiecaruia dintre ele. Ele sunt apoi puse in garda despre posibilele pericole, de catre consiliul sufletelor. Sufletele neexperimentate se pregatesc cu neliniste pentru aceste pericole. Fortele intunericului se furiseaza si le spun sufletelor neexperimentate ceea ce vor sa auda. Trebuie sa va "incredintati" sufletele doar intunericului. Dar, din moment ce nu exista moarte, incarnarea sufletelor neexperimentate este legata de masinatiunile fortelor intunecate.

Nimeni nu le poate ajuta sa se indeparteze de fortele intunericului, doar ele o pot face prin propria lor vointa, neangajandu-se niciodata in vreo legatura cu intunericul. Dat fiind ca sufletele neexperimentate au descoperit puterea intunericului, le e teama sa nu cada victime ale Inchizitiei, torturii, razboiului, violentei si bolii in urmatoarea lor incarnare, de aceea s-au intrupat acolo unde le-a dorit intunericul: in Europa de Vest.

Pana in prezent, proportia sufletelor Cetacee in Europa de Est este mai mare decat in partea de vest a continentului. Cele mai multe numeric sunt in Romania. Pana in prezent, intunericul a incercat in zadar sa cucereasca Europa de Est, mai ales Romania. N-a avut pana acum nici o victorie. Intunericul se teme de infrangerea impotriva Romaniei.

O incercare de a supune Romania, si, astfel, a castiga toata Europa de Est, a fost Blocul estic. S-a incercat expulzarea sufletelor Cetacee, dar nu s-a reusit. Asa ca au recurs la alte incercari, precum asasinate, catastrofe naturale, saracie si foame, vanzari de terenuri, folosirea investitorilor occidentali si ... si ... si ...

In disperarea voastra, dragii mei compatrioti romani, va intoarceti spre Occident, il imitati, incercand sa dovediti ce puteti - dar esecul e lamentabil. De ce se intampla asta? Motivul este ca nu exista doar planuri ale sufletelor individuale, ci si planuri ale sufletelor intrupate in grup. Un plan al sufletului-grup apare atunci cand foarte multe suflete vin sa se intrupeze cu acelasi scop. Aceste suflete au practic aceeasi sarcina atunci cand se incarneaza pe Pamant. Planul sufletului-grup pentru Romania este de a scoate Pamantul din intuneric si a instala o noua era.

Toate energiile de care are nevoie Romania, sunt deja in vigoare. Noile energii cresteau deja inainte de 21 decembrie 2012*. Iar tot sprijinul pe care il poate folosi Romania, l-a primit deja. Exista mai multi lucratori in lumina intrupati decat oricand inainte, lumea spiritelor ne ofera ajutor prin channeling*, Internet si carti spirituale - iar sufletelor neexperimentate nu li se mai permite sa se incarneze pe Pamant.

Cu toate acestea, cum poate o singura tara sa salveze o intreaga planeta? Ea va servi drept exemplu. Cand Romania va urma liniile directoare descrise in aceasta carte, se va pozitiona in fruntea tuturor celorlalte popoare. Ideea este de a se comporta astfel incat fortele intunecate sa nu aiba nici o sansa de a-si raspandi energiile pe planeta Pamant.

Si sa inainteze spre Noua Epoca de Aur

O sa intrebati: Ce este Epoca de Aur? E un timp in care nu exista nici un fel de griji, greutati, nici un fel de durere sau boala. Nu exista nici conducatori si nici subordonati. Si nu exista nici un fel de lipsuri. Nu exista nici ura, nici invidie si nici competitie.

Acest lucru pare utopic. In acelasi timp, toata lumea ar trebui sa se intrebe ce pare mai realist? Sunt impozitele realiste sau am putea trai fara ele? Sunt banii realisti sau am putea trai fara bani? Este concurenta realista sau am putea, de asemenea, trai sprijinindu-ne reciproc?

As putea continua cu aceasta lista de intrebari la infinit. Atunci de ce ne este atat de greu sa renuntam la toate astea? Raspunsul: E vorba de influenta. Aceasta influenta are loc zilnic si permanent. In acelasi timp, se extinde in mod atat de subtil, incat oamenii nu mai sunt constienti.

Simturile noastre reactioneaza la frecvente. Tot ce este pozitiv, precum prietenia, intrajutorarea, solidaritatea, empatia etc, vibreaza la frecvente inalte. Tot ce este negativ, precum ostilitatea, razboiul, ura, dispretul, nepasarea, anxietatea etc., rezoneaza la frecvente joase. Cititorul poate ghici deja ca fortele intunericului coplesesc viata noastra de zi cu zi, cu frecvente joase.

Prin urmare, exista un criteriu important, care ne va conduce direct in Noua Epoca de Aur: Sa evitam vibratiile joase! Dar ce ne facem in cazul in care peste tot se ascund frecvente joase? Toate acestea vor fi enumerate in paginile urmatoare.

Produse alimentare, bauturi si droguri:

Evitati hrana cu vibratie joasa, deoarece consumul ei va coboara frecventa in organism si va poate impiedica realizarea gandurilor si emotiilor pozitive, pe frecvente de vibratie inalta. Exemple de hrana de vibratie joasa ...

-Ouale Evitati macar ouale provenite de la gaini crescute in baterii, inchise si chinuite, caci acestea contin hormonii de stres ai pasarilor. Stresul se acordeaza cu frecventele joase. Consumati in schimb oua care provin de la gaini crescute in aer liber.

-Laptele si produsele lactate. Laptele si produsele lactate provenite de la vaci tratate cu hormoni care sporesc lactatia. Aceste preparate sunt daunatoare pentru orice organism. Consumati in schimb laptele si produsele derivate provenite de la animale crescute in mod natural.

-Carne, peste si fructe de mare, precum si toate produsele fabricate din acestea. Animalelor le sunt administrate hormoni, astfel incat acestea sa creasca mai repede. Animalele terestre precum si cele acvatice rareori au parte de o moarte subita. Chiar daca sunt ucise instantaneu, ele elibereaza in momentul mortii un hormon specific. Acest hormon trece apoi in organismul consumatorului, rezonand cu el si declansand boli.
- De aceea evitati pe cat posibil carnea, pestele si produsele derivate. Si, anume pentru peste: cumparati peste (produse) pescuit cu metoda gazului propulsor. Acesti pesti si fructe de mare elibereaza hormoni de stres si de moarte, dar in oceane nu se pescuieste cu plase gigant.

-Inlocuiti carnea - si pestele - dar si fructele de mare. Pentru a cultiva plantele utile, sunt taiate suprafete uriase de padure tropicala. Fauna salbatica isi pierde habitatul, oamenii isi pierd caminele, iar clima Pamantului sufera enorm. Vibratiile joase ale transferurilor de terenuri se transmite culturilor plantate pe aceste terenuri. Plantele produc hormoni de stres, care se transmit consumatorilor. Consumati deci produse biologice, deoarece provin din culturi la scara mica si medie, care respecta natura cat de mult posibil.

-Ciuperci, drojdie si bere. Macro- si micro-ciupercile sunt plante-animale. Cand sunt consumate crude sau prelucrate ca alimente, emit de asemenea hormoni de stres si hormoni ai mortii. De aceea, cel mai bine e sa ne abtinem sa consumam ciuperci, produse de patiserie si bere, sau cel putin sa le reducem la minimum.

-Chiar si legumele sau fructele de la magazinele alimentare sunt pline de substante toxice si hormoni de stres. De multe ori, acestea sunt modificate genetic, cu toate ca acest lucru nu este mentionat pe etichete. Insecticidele, pesticidele, monoculturile pe suprafete extinse, precum si ingineria genetica inseamna stres pentru plante si, prin urmare, vibratii joase. Mai bine cumparati din piata sau direct de la producatori, ori cultivati-va plantele intr-o mica gradina inchiriata.

-Produse finite. Ele contin adesea produse provenite din animalele sacrificate, precum si produse sintetice. Atat produsele de carmangerie, cat si produsele sintetice au vibratii joase. Nota: Cel mai adesea, hrana proaspat recoltata se consuma cruda.

-Zaharul Acesta scade frecventa noastra de vibratie. Zaharul se consuma doar in cantitati moderate. Trebuie remarcat faptul ca, in afara de fructe, si legumele contin zahar, sub forma de amidon, de pilda morcovii sau cartofii. Ati remarcat faptul ca plantele medicinale nu au un gust dulce, ci amar! Prea mult zahar imbolnaveste. Industria farmaceutica si fortele intunericului beneficiaza in mod egal de boli . Industria farmaceutica face afaceri cu cei bolnavi, nu cu cei sanatosi, iar intunericul se hraneste cu energiile de vibratie joasa. Folosit mai degraba miere de la fermieri sau apicultori, care inca isi trateaza albine cu respect - respectul are o vibratie inalta!

-Inlocuitorii de zahar. Niciun organism uman nu poate rezista la atat de mult zahar, cat e nevoie pentru un substitut de zahar. Substituentii de zahar produsi "in mod natural", sunt si ei facuti tot in laborator. Ei sunt supusi unei serii de procese chimice, astfel incat nu mai ramane nimic din structura lor asa-zis naturala. Reduceti atat zaharul, cat si inlocuitorii zaharului, cat mai mult posibil.

-Ciocolata si produsele din ciocolata / cacao. Pentru ca aroma de cacao sa iasa in evidenta, se folosesc arome artificiale. Folositi aceste produse provenite din culturi bio. Initial, aceste produse vi se vor parea mai putin gustoase, pentru ca le lipsesc multe arome artificiale. Nu va lasaTi pacaliti, pe langa carne si mezeluri, produsele din ciocolata sunt alimentele cu vibratia cea mai joasa.

-Jeleuri si alte produse din fructe gelificate Toate contin gelatina derivata din oase de animale. Au o vibratie la fel de coborata precum ciocolata si contin de asemenea hormonul mortii. Cumparati aceste produse din magazinele bio, deoarece acestea nu contin substante de origine animala.

-IngheTata. Cumparati inghetata din comertul bio, unde e preparata din produse vegetale. Inghetata obisnuita contine prea mult zahar si oua de la gaini crescute in baterii.

-Bauturi racoritoare dulci: limonada, ceai rece, cafea rece, produse din cola, malt, milkshake-uri etc, indiferent daca sunt oferite gata preparate sau sub forma de pulbere. Ele contin in cea mai mare parte (!) zahar si, printre alte ingrediente, compusi aromatici sintetici si coloranti.

-Ceai, provenit din plante tratate cu insecticide, pesticide sau modificate genetic. Colorantii sintetici si potentatorii de aroma dau ceaiului vibratii joase. Cumparati ceai de plante din magazinele bio. Cel mai bun este ceaiul recoltat din gradina. Ceaiul din comertul bio este si el uneori imbogatit cu arome, dar naturale.

-Cafea. Aceasta a fost initial un remediu. In patria sa, Africa, era folosita ca bactericid, diuretic, stimulator digestiv si impotriva febrei. Doar cateva populatii din desert mai folosesc boabele de cafea ca remediu natural. Cafeaua, asa cum este preparata si cum se bea in prezent, dauneaza rinichilor. Chiar daca beti multa apa dupa fiecare ceasca de cafea, nu puteti anula efectele nocive. In plus, oamenii folosesc cafeaua pentru efectul sau stimulator. Apeleaza la ea pentru a face fata ritmului zilnic dictat de fortele intunericului, in loc sa depinda de ritmul lor natural. Iar daca dupa publicarea acestei carti vor aparea pe piata tot felul de remedii naturale pe baza de cafea, aveti grija ca planta sa fie proaspat recoltata, nesupusa tratamentelor cu insecticide, pesticide, fara mutatii genetice sau prelucrari in laborator. Cafeaua nu este o planta medicinala de zi cu zi! Mai bine evitati cafeaua si preparatele "medicinale " din cafea. Atunci cand rinichii sunt afectati, chiar si in cazul in care boala este inca usoara, vibraTiile coboara foarte mult.

-Inlocuitori de cafea din lupin sau cicoare, atunci cand sunt prea indelung procesati. Inlocuitorii de cafea din comertul bio sunt cea mai buna alternativa. Au intr-adevar vibratie inalta inlocuitorii de cafea din boabe proaspat recoltate de lupin sau radacina de cicoare, proaspat prajite, rasnite si fierte.

-Cacaua, daca e bauta des si in cantitati mari. Cacaua este si ea o planta medicinala foarte eficienta. Cele mai bune virtuti vin din cacao atunci cand e bauta amara, in starea sa naturala, in cantitati mici si numai atunci cand este necesar. Cacaua calmeaza si relaxeaza. Utilizata la momentul potrivit, ne elibereaza de vibratiile joase si ne lumineaza din nou.

-Spirtoasele. Acestea au fost utilizate initial pentru extragerea substantelor active derivate din plante si pentru a le conserva. Dupa ce a extras substanta de baza din plante, alcoolul ramane in organism, chiar daca in cantitati foarte mici. Alcoolul deshidrateaza, dar cu multa apa proaspata, toxinele sunt eliminate din organism si substantele active din plante pot actiona in mod liber. Alcoolul in cantitati foarte mici si utilizat doar in mod specific are un efect de vindecare, in schimb alcoolul ca bautura stimuleaza producerea de neuro-toxine si coboara vibratiile.

-Apa din comert. Pentru ca apa din recipiente sa fie protejata de bacterii, depuneri si mirosuri, ea este tratata cu o serie de preparate chimice. Apa minerala si apa de izvor de pe piata este nesanatoasa si are vibratii joase . Apa potabila sanatoasa si cu vibratie inalta este cea consumata direct de la sursa ori colectata in recipiente pentru acasa si folosita cat mai repede. Apa proaspata si sanatoasa este singura "bautura " pe care o putem bea in conditii de siguranta si care ne spala corpul de toxine si de alti poluanti.

-Tutunul, atunci cand este utilizat in mod abuziv ca un drog. De fapt, tutunul este o planta medicinala, care a fost folosita ca atare de amerindieni. De-a lungul secolelor de abuz, planta de tutun a devenit toxica, deci este recomandabil sa se apeleze la alte plante medicinale. Ca inlocuitori de tutun, sunt frunzele uscate de fructe comestibile si ierburile sanatoase. Cu toate acestea, nu e bine ca pulberea fina sa intre in plamani, prin urmare trebuie folosite tigarete cu filtru. Atentie: Frunzele uscate ard precum paiele, asa ca umeziti usor tigara ca sa nu existe nici o flacara in timpul aprinderii. - Acest "tutun" este sanatos, nu creeaza dependenta si are vibratii inalte, cu exceptia cazului in care se face abuz (Legea Rezonantei, vezi p. 28).

-Medicamentele. In cazul in care este posibil (si doar atunci!) vom recurge la remedii naturale, caci preparatele din industria farmaceutica sunt atinse de energia intunecata si incarcate cu efecte secundare, care sunt de multe ori neobservabile, dar dauneaza masiv corpului.

Oameni, animale, plante, microorganisme, minerale:

Inainte de a se incarna, un suflet se imparte in mai multe fragmente. Apoi se incarneaza in minerale, microorganisme, plante, animale si oameni sau alte creaturi mai evoluate. Nu exista moarte, si, prin urmare, nimic nu e mort, totul este animat, totul traieste. Toti si toate trebuie tratate cu respect, altfel pe frecvente joase si, ca urmare, prezinta riscul de a cadea de intuneric. Cartile de biologie au fost manipulate in mod deliberat. Ele ascund faptul ca viata este omniprezenta Manipularea nechibzuita a asa-zisei materii neinsufletite emite frecvente joase care produc energie negativa, alimentand astfel intunericul cu energii negative.

-Minerale: Inainte de a lucra cu pamantul sau pietrele, roaga lumea spiritelor sa trimita iubire, vindecare, curatare si sa elimine durerea pentru pamant sau pietre. Apoi multumeste lumii spiritelor. Recunostinta este in lumea spiritelor mai mult decat o forma de politete, recunostinta este o energie pozitiva care se intoarce in mod repetat catre tine.

-Microorganismele: Inainte de a folosi dezinfectanti sau alti agenti bactericizi (alcool de uz casnic, produse petroliere, agenti de curatare, detergenti etc.), roaga lumea spiritelor sa trimita iubire, vindecare, curatare si sa elimine durerea din locurile unde se folosesc microorganisme, pentru evitarea suferintei.

-Plantele si animalele-plante (ciuperci, corali etc.): Inainte de a recolta sau prelucra ciupercile, de a culege florile, crengile sau ramurile, de cosirea ierbii, taierea arbustilor, a copacilor, de recoltarea fructelor si legumelor, inainte de prelucrare sau consum, roaga lumea spiritelor sa trimita iubire, vindecare, curaTare si sa elimine durerea pentru plantele cu care se lucreaza. Nota: Nu intrati niciodata intr-un cerc din ciuperci si nu culegeti ciupercile dispuse in forma de cerc, caci acolo traiesc spiritele naturii. In cazul in care faci asta din greseala, cere iertare naturii!

-Insecte si moluste: fiintele intunecate folosesc faptul ca insectele si molustele arata diferit, pentru a va provoca teama sau dezgust, de aceea exista atat de multe fobii legate de aceste creaturi. De aceea, aparatele electrice de ucis insecte sau hartiile de muste sunt populare printre fiintele intunericului. In ambele cazuri, micile creaturi sunt torturate pana la moarte. Agonia lor raspandeste energie negativa. Folositi mijloace naturale impotriva insectelor. Nu distrugeti panzele de paianjen, deoarece acestea sunt capcane pentru insecte. Folositi hartia de ziar impotriva moliilor. Folositi monede de cupru sau alte produse din cupru, pentru a alunga albinele sau viespile. Si folositi uleiuri esentiale bio pentru camere si spray-uri corporale. Nu cumpara produse impotriva insectelor din comertul conventional. Nu vei face decat sa arunci banii pe otravuri pe care le vei inhala sau le vei absorbi prin piele.

-Animale salbatice: La vanatoare, proiectilele ratacite (cartuse care ricoseaza cand se lovesc de obstacole) pot lovi animale ascunse in iarba invizibile pentru ochiul uman, acestea suferind o moarte ingrozitoare. Agonia acestor animale raspandeste energii de vibratii joase printre oameni. Aceasta descarcare se raspandeste printre oameni sub forma de ura, agresivitate, boala etc.

-Animale de companie: In cazul lor, se aplica aceleasi legi ca si pentru toate celelalte lucruri vii. Cine le trateaza bine, culege energii pozitive.

-Caini si pisici: Aceste animale de companie au un statut special, pentru ca ele trebuie sa indeplineasca o anumita sarcina pe planeta Pamant, misiunea lor fiind de a curata energiile Pamantului si a vindeca oamenii. Pisicile curata aura torcand, iar cainii echilibreaza corpul subtil al oamenilor atunci cand se invart si fac sarituri. Nu este o coincidenta faptul ca sufletele Canidae si sufletele feline se intrupeaza in Romania. Originea lor nu este Nebadonia*, ele vin din universul Dahl. Din Universul Dahl vine si Sananda care, in urma cu peste 2000 de ani, s-a incarnat in trupul lui Isus Hristos.

Femei si copii:

-Copiii pana la 7 ani traiesc in lumina (sunt clarvazatori*, senzitivi, ai clar-auditie) De multe ori vorbesc cu prietenii imaginari, de pilda cu elfi si alte creaturi ale naturii, sau se simt, in mod "ciudat", amenintati de ceva. Adultii rad de aceste abilitati ale copiilor si le pun pe seama fanteziei lor, in vreme ce le educa in mod inconstient aceste capacitati. Va rugam sa luati in serios copiii, chiar si atunci cand acestia sunt doar bebelusi. Cu cat mai mic este un copil, cu atat mai mult probabil este ca el sa isi aminteasca lumea spiritelor si adversarii sai, fortele intunericului. Atunci cand copiii gasesc ceva infricosator, roaga lumea spiritelor sa curate cu lumina, iubire si protectie, multumeste si repeta atunci cand e cazul rugamintea si multumirea. Atunci cand copiii se bucura de entitatile invizibile cu care vorbesc, ai incredere in ei. Invata de la copiii tai sa faci distinctia intre entitatile de lumina si cele de intuneric, si reinvata de la ei sa percepi din nou aceste fiinte, asa cum puteau s-o faca stramosii tai cu foarte mult timp in urma.

-Energiile feminine din regiunea lombara sunt de multe ori mai puternice decat cele masculine. Din pacate, utilizarea abuziva a energiei sexuale face ca aceste forte sa fie slabite. In urma cu 500.000 de ani, o specie straina, anunnakii*, au lasat rasei umane de pe Pamant doar doua gene . Consecintele au fost devastatoare, in special pentru femei, care au inceput sa sufere de dureri regulate, sarcini grele si nasteri dureroase, iar sexualitatea a dus pentru ambele sexe la dependenta. Nu exista o asa-numita dorinta sexuala, asa cum se presupun oamenii de stiinta. Dependenta sexuala a adus in mod artificial moartea prematura, mai ales pentru barbati. O sexualitate naturala presupune lipsa de presiune si constrangere. Cu cat este mai puternica energia feminina in regiunea lombara, cu atat femeile sunt mai putin dependente de sex. Cu multe meditatii* si afirmatii, ADN-ul paralizat poate fi activat lent, iar dependenta poate fi convertita in vointa. - Dar dependenta de sex aduce o multime de bani fortelor intunecate. Acesta este motivul pentru care femininul este suprimat,feminitatea fiind evidentiata aproape exclusiv in legatura cu sexualitatea lor. Functioneaza foarte bine cu redesteptarea genelor scoase din uz, deoarece chiar si barbatii pot fi femei in vietile viitoare!

Afirmatie de activare a ADN-ului: Activez acum toate cele 12 gene ale ADN-ului meu. Acum imi activez toate abilitatile. Acum activez vindecarea adanc in mine.

Somn, odihna si starea de spirit:

Noaptea este transformata in zi. Viata de zi cu zi este un chin. Indatoririle zilnice duc la auto-sacrificiu. Toate aceste lucruri sunt folosite de fortele intunericului. De ce? Iata aici cateva raspunsuri sau sfaturi.

-Cauta totdeauna sa ai un somn suficient si sanatos. In timpul somnului, sufletul are parte de intalniri importante, lucrati la karma sau va pregatiti drumul pentru vindecare. Un somn nesanatos sau sarac te imbolnaveste si iti scade vibratia. Rugati-va cu recunostinta sa intalniti noaptea sufletele cu care aveti de discutat. Nu va intalniti, de pilda, cu oameni nemilosi, cu proprietari de abatoare, sefi de laboratoare pentru testarea animalelor, macelari, etc. Rugati-va in fiecare seara pentru asta, pentru ca asa cum s-a menTionat deja, mai aveti alte sarcini sau aveti nevoie de recuperare.

-Dupa sarcini neplacute, acordati-va odihna sau faceti ceva care va place. Faceti totul cu bucurie si usurinta, sau cel putin fara stres. Acest lucru previne vibratiile joase.

-In situatiile in care percepeti furie, ura, invidie sau alte sentimente negative, aminteste-ti ca acest lucru ar putea fi intelegeri secrete intre suflete (de exemplu: cum va reactiona sufletul meu, daca incalci asta sau asta?). Daca pierdeti o fiinta draga sau un animal de companie iubit, tine minte ca intotdeauna sufletul alege atunci cand va parasi corpul material. Fatalitatile nu inseamna sfarsitul pentru un suflet. Sufletele sunt inca acolo, dar pe frecvente atat de inalte incat nu le poti percepe. Emotiile negative, oricat de duroase si suparatoare, pot fi doar iluzii iubirea si lumina, astfel incat fortele intunericului sa nu te influenteze.

-Niciodata nu te lasa sedus de intuneric pentru a lupta pentru pace, pacea doar se practica. Lupta, chiar daca este bine intentionata, are vibratii joase si hraneste intunericul cu energii negative. Gaseste pacea in interiorul tau si radiaz-o, astfel iti vei ridica vibratiile si nu vei mai fi atins de intuneric.

-Mergi des in natura, calca descultpe pamant. Sa rezonezi la unison cu Pamantul inseamna sa oscilezi pe aceeasi frecventa* cu planeta mama. Aceasta atenueaza durerea sufletului, previne sau amelioreaza bolile si echilibreaza energiile cosmice, astfel incat toti oamenii de pe Pamant sa devina entitati pe deplin constiente si capabile din nou sa se manifeste ca odinioara. - Intunericul nu poate tine pasul cu frecventa tot mai inalta a pamantului!

-Ascultati cat mai des posibil muzica transmisa pe frecventa 432 Hz (videoclipuri de pe internet, CD-uri cumparate de la magazinul de muzica, etc), care va ridica vibratia.

-In cazul in care doriti sa compuneti muzica cu aceasta frecventa de 432 Hz, achizitionarea unui monitor scump este esentiala. Nici o fiinta umana nu este capabila sa perceapa cu exactitate cei 432 Hertz si monitoarele ieftine sunt bani aruncati - o cheltuiala inutila, care va duce la mentinerea vibratiilor coborate.

-Cantati la ocarina* cat de des puteti sau ascultati muzica interpretata la ocarina. Ocarina este instrumentul *care* poate deschide al treilea ochi*! In primul rand, nu este intamplator faptul ca ocarina se numeste astfel - este proiectata in forma de ochi si sunetul ei influenteaza glanda pineala*. Glanda pineala este organul numit si "al treilea ochi". Ocarina a aparut in regiunea egipteano-araba si a fost adusa spre teritoriile din nord de catre Atlanti, catre zona in care se afla acum Romania. Nota: Asigurati-va ca este vorba de ocarina clasica, ne-stilizata, atunci cand o folositi sau ascultati muzica ei!

Magia cuvintelor si puterea gandului:

Este imperios necesar ca oamenii sa se deprinda cu o anume igiena verbala. De multa vreme, exista prostul obicei de a vorbi urat despre tine si despre ceilalti. Ambele aspecte au efecte nocive din punct de vedere energetic. Consecinte si mai grave are utilizarea abuziva a puterii gandului. Energia gandului este de fapt acolo pentru a manifesta* ceea ce doreste. Mintea confuza, temerile si indoielile impiedica insa aceasta manifestare. De aceea, cuvintele si gandul ar trebui folosite in mod responsabil.

CredinTe: "Vai, sunt atat de neindemanatic!" Cat de des spun oamenii despre ei lucruri de acest gen? Ceea ce nu stiu ei, este ca sufletul si ADN-ul corpului lor tine minte aceste cuvinte. Intr-o viata viitoare, astfel de oameni vor fi de fapt imprastiati si neputinciosi. Sufletul si ADN-ul nu inteleg negatiile. Spuneti, "Oh, nu sunt deloc atent." Sufletul vostru, ca si ADN-ul, tine minte totul, in afara de negatie! Spunand anumite afirmatii*, aveti posibilitatea sa va schimbati sufletul si ADN-ul. Cu aceasta re-stocare, puteti atrage lumina, pastrand intunericul la distanta.

Afirmatie: Eu sunt atent acum. Eu sunt constient acum. Eu sunt deplin constient acum. Sunt concentrat pe clipa prezenta. Eu sunt prezent acum in mod deliberat.

Aceasta afirmatie poate fi aplicata in orice situatie, doar inlocuind adjectivele in mod corespunzator.

Programarea: "Eu nu sunt bun de nimic!" Astfel de declaratii devin pe parcurs credinte. Acest tip de comentarii despre propria persoana se transforma in convingeri. In acest mod, va programati sufletul si ADN-ul, asemeni unui computer. Cauzele "esecului " sunt altele decat caracterul slab. Cauzele rezida in vietile anterioare. Exemplu: Problemele financiare se datoreaza unui juramant de saracie, facut la un moment dat, cand te-ai calugarit. Cu afirmatii, va puteti reprograma sufletul si ADN-ul. Aceste reprogramari va aduc in lumina deplina si va protejeaza de vibratiile joase.

Afirmatie pentru valoarea de sine: Eu sunt valoros. Eu sunt util. Eu sunt de ajutor.

Aceasta afirmatie poate fi transformata in functie de situatie, doar inlocuind adjectivele.

Afirmatie impotriva juramantului de saraciei : Ma detasez de acum de orice juramant de saracie din aceasta viata si din toate vietile trecute. Ma detasez de acum de orice rani ale saraciei din aceasta viata si din vietile trecute. Retrag imediat orice promisiune de saracia din aceasta viata si din vietile trecute. Ma detasez de acum incolo de toata energia saraciei din aceasta viata si din vietile trecute.

Aceasta afirmatie poate fi aplicata, cu modificarile corespunzatoare, oricaror juraminte sau promisiuni.

Barfele: In multivers* exista o lege a rezonantei, numita si Legea oglinzii. Aceasta lege reflecta tot ceea ce faci, spui si gandesti. Daca vorbesti pe cineva de rau, la un moment dat vei fi judecat cu aceeasi masura. Aceasta lege functioneaza pentru a va putea vedea intotdeauna si din perspectiva altora. Barfa a trage vibratii joase in campul vostru energetic. Aceste energii intunecate va umplu de suspiciune si ostilitate. Radiezi aceste energii, care se reflecta in plus. Daca vrei sa deplangi pe cineva, atunci spune: "Ar fi mai bine, in opinia mea, ca el/ea sa faca asta." Si spune-o fara suparare, altminteri vei reflecta energii intunecate (furie, etc.). Spune-o cu inima buna, pentru a primi inapoi lumina deplina (caldura etc.).

Boala: "Ma simt rau." Expresii ca acestea se imprima, de asemenea, in vietile viitoare, deoarece cuvintele raman intiparite in suflet si ADN. Spune: "Nu ma simt bine." Sau: "Nu va fi mai bine." In ambele cazuri, sufletul si ADN-ul nu percep negatia si astfel puteti evita intuitii nedorite. Asta va transforma rezultatele negative in unele pozitive si va atrage lumina deplina in viata ta.

Indiferent de religie sau de credinta careia ii apartii, te vei deprinde cu contactul direct cu lumea spirituala. Intra intotdeauna cu iubire in lumea spiritelor, EU SUNT ... Nu spune rugaciuni memorate, vorbeste politicos cu lumea spiritelor, ca si cum te-ai adresa unei persoane, cu politete si respect. Lasa deoparte negatiile, pentru ca nu sunt percepute de catre lumea spiritelor (in loc de "Ajuta-ma te rog cu o slujba unde sa nu castig prea rau." spune "Ajuta-ma te rog cu o slujba unde sa castig bine."). - Contactul direct cu lumea spiritelor te face sa te schimbi fundamental. Fiintele intunecate evita de obicei contactul cu persoanele care sunt in legatura cu lumea spiritelor. Nota: In cazul contactului in scris, foloseste intotdeauna EU SUNT scris cu majuscule, fara alte sintagme precum NUMELE MEU ESTE. EU SUNT este cheia in lumea spiritelor.

Intra in contact cat mai des cu putinta cu Sinele tau Superior. Esti in legatura cu Sinele tau Superior daca: vorbesti cu tine insuti, ai intuitii, ai presimtiri, ai viziuni, primesti mesaje multimedia sau pui intrebari despre vietile tale trecute in lumea spiritelor. Cu cat mai mult sunteti in legatura cu Sinele vostru Superior, cu atat mai des treziti in voi energia lui Hristos. Aceasta este energia care a existat in Isus, ca forma de vindecare si iubire. Fortelor intunecate le este teama de energia christica din noi.

Rosteste afirmatii impotriva legaturilor negative, blestemelor si vorbelor rele de zi cu zi. Nu folosi niciodata cu neglijenta cuvintele in limbajul zilnic, caci ele se vor intoarce amplificat. Blestemele revin la cel care le-a rostit de 7 ori mai puternice. Chiar si un singur blestem te poate afecta timp de mai multe vieti. Un blestem nu distinge daca ai facut-o din greseala sau daca ai blestemat o persoana, o situatie sau un lucru. La fel se intampla si cu legaturile negative si blestemele. Stringurile negative sunt dependente, sub orice forma, de persoane, dar pot fi si dependente de substante. Oamenii care i-au spionat tot timpul pe altii pot naste stringuri negative intre ei si acele persoane. Blestemele pot fi, de exemplu, de genul: Sa n-ai noroc! - Stringurile negative, injuraturile si blestemele atrag energii intunecate. Evitati relatiile energetice negative, nu blestemati si nu injurati, nu aruncati cu vorbe si jigniri, in schimb spuneti-va in fiecare zi rugaciunile*, raspunsurile* si afirmatiile pozitive.

Rugaciuni impotriva legaturilor negative: Rog lumea spiritelor sa rupa energia intre toate legaturile negative si toate simbolurile de legaturi negative, multumesc. - Rog lumea spiritelor sa taie toate legaturile negative si toate simbolurile energiilor negative, care ma impovareaza in aceasta viata si in vietile anterioare. - Rog lumea spiritelor sa rupa toate legaturile negative si toate simbolurile legaturilor negative sa se dizolve. - Rog lumea spiritelor sa permita curatarea legaturilor taiate si a simbolurilor si sa le transforme. - Rog lumea spiritelor sa lase fluidul vindecator sa curga prin aura mea, prin chakre si prin intregul meu corp. - Rog lumea spiritelor sa permita vindecarea legaturilor taiate si a simbolurilor. - Multumesc pentru ruperea energiei intre toate legaturile negative. Multumesc

pentru ruperea energiei dintre toate simbolurile relatiilor negative. - Multumesc pentru purificarea, transformarea si vindecarea legaturilor taiate, a legaturilor si simbolurilor. - Multumesc, EU SUNT...

Afirmatie impotriva blestemelor: Ridic imediat toate blestemele care au fost rostite impotriva mea in aceasta viata, precum si in vietile anterioare. Ridic acum toate blestemele pe care le-am rostit impotriva altora in aceasta viata, precum si in vietile anterioare.

Raspuns impotriva blestemelor: Blestem, te chem, te rog asculta-ma! Te ridic acum cu efect imediat si te trimit de unde ai venit.

-Rosteste zilnic afirmatiile impotriva pactului cu fortele intunericului. Aceste pacte pot fi facute in vietile anterioare. Fortele intunericului vin totdeauna cand cineva are nevoie de ajutor. Desigur, acestea nu ofera ajutor, ci actioneaza in mod egoist, dar pana cand sa le recunoastem poate fi deja prea tarziu. Ele nu au nici o sansa in fata afirmatiilor rostite impotriva intunericului.

Afirmatie pentru separarea de orice contracte cu fortele intunericului: Ma separ de acum incolo de toate acordurile pe care le-am facut in aceasta viata sau in vietile anterioare cu fortele intunecate.

-Inainte de fiecare incarnare, sufletul incheie contracte cu Consiliul karmic si cu alte suflete. Sufletele discuta despre rolurile pe care le vor avea intre ele (vecini, parteneri, colegi, etc.), iar Consiliul karmic sfatuieste sufletele inainte de incarnare. In ciuda sfaturilor, sufletele lipsite de experienta se simt nesigure inainte de incarnare. Aici se strecoara fortele intunericului, oferindu-si ajutorul. Ele isi ofera asistenta nu numai inainte de fiecare noua intrupare, ci si "sprijin "permanent. Din moment ce sufletul este nemuritor, pare imposibil sa scape de contract. In plus, exista amenintari din partea fortelor intunericului, atunci cand sufletul vrea sa se elibereze. Sufletele se tem de lucrurile la care s-ar putea expune prin actiunea fortelor intunericului, in urmatoarea lor incarnare (razboi, boala, violenta, lipsa de adapost, etc.). Cu ajutorul puternicului Arhanghel Raziel*, se pot rezolva complet si definitiv toate contractele si legaturile cu intunericul. Roaga arhanghelul Raziel sa te ajute:

Draga arhanghel Raziel, vino te rog!
EU SUNT... Draga arhanghel Raziel, te rog sa ma eliberezi complet si definitiv din toate contractele si datoriile pe care le-am facut cu fortele intunericului, in aceasta viata sau in vietile anterioare.
Draga arhanghel Raziel, multumesc pentru solutionarea tuturor contractelor si legaturilor cu toate cele intunecate.

In mod regulat, rosteste afirmatii care purifica, deschid, protejeaza si dau viteza chakrelor*: **Imi deschid chakrele si le aduc la viteza corecta. Imi curattoate chakrele de toate interferentele cu energiile nocive. Imi curat chakrele de toate influentele straine daunatoare.** - Fiecare chakra este situata in corpurile voastre subtile. Chakrele sunt vortexuri de energie care absorb energiile lumii spiritelor. Dupa cum s-a mentionat deja, contactul apropiat cu lumea spiritelor reprezinta una dintre cele mai puternice protectii impotriva energiei si entitatilor intunecate.

Prin toate universurile, se aplica comunicarea transmisiei gandului. Tipul de transmitere a mesajului este mult mai rapid si nu pot interveni neintelegeri. Cei mai multi oameni de pe pamant folosesc limbajul verbal lent. Dar fiecare cuvant rostit este precedat de un gand, prin urmare gandul formeaza cuvantul. Iar la om dureaza o fractiune de secunda pentru a deveni constient de gandurile lui. In timp ce oamenii trebuie sa devina constienti de gandurile lor, fiintele eterice stiu deja ceea ce gandeste fiecare persoana. Prin urmare, este foarte usor sa vina in contact cu lumea spiritelor si sa ceara ajutor mental. Cu toate acestea, nu este recomandabil sa incerce sa pacaleasca fortele intunecate, pentru ca si ele sunt subtile si, prin urmare, intotdeauna citesc gandul oamenilor. Desigur, fiintele de lumina sunt si ele subtile si pot citi gandurile, dar ele nu reprezinta nici o amenintare si nici o interferenta. Prin urmare, este foarte important sa avem ganduri prietenoase si iubitoare. Fortele intunericului se tem de orice este prietenos, iubitor, deoarece acestea au vibratii inalte. Ele evita persoanele cu ganduri de vibratie inalta si nici nu mai incearca sa le influenteze gandurile. Acestor oameni fortele intunecate nu reusesc sa le inoculeze temeri sau alte mentalitatile negative. Controleaza-ti gandurile, multumeste lumii spiritului pentru sprijin, dar gandeste pozitiv!

-Trebuie - elimina acest cuvant din vocabular. Trebuie sa fac asta ... asta ... - Trebuie sa facem asta ... asta ... Retii asta in sufletul si ADN-ul tau (a se vedea afirmatiile pentru explicarea termenilor). Cat de des ti-ai pus intrebarea: "De ce trebuie mereu sa fiu sau sa fac asta... si asta? - Pentru ca esti atras de asta. Ceea ce este stocat in sufletul si in ADN-ul tau, actioneaza ca o minge care se loveste de un perete. Ea se intoarce la tine de fiecare data. Aceasta lege a rezonantei a multiversului este omniprezenta si ii vezi permanent efectele. Tine loc pentru a fi sau a vrea. Prin urmare, iti poti crea orice doresti. - Si niciodata nu mai spune altora "trebuie sa fii asa sau sa faci asa", ci adreseaza-te intotdeauna politicos. In caz contrar, iti vei afecta chakra gatului, care este responsabila, printre altele, pentru auto-determinare. Vei dezactiva altfel propria ta auto-determinare, in aceasta viata sau in vietile viitoare.

Trimiterea energiilor:

-Trimite lumina si iubire oriunde predomina energiile intunecate (zone de razboi, laboratoare de cercetare pentru animale, inchisori etc.). Manifesta compasiune pentru cei care sufera, dar fara regrete - altfel le vei trimite energia regretului. Vei confirma astfel faptul ca exista motive de regret, ceea ce nu va face decat sa le agraveze situatia. Spune in gand sau rosteste: **"Eu trimit lumina si dragoste peste tot unde este intuneric. Multumesc, EU SUNT..."** Daca nu esti sigur, roaga ingerii sa-ti intareasca energia cu recunostinta.

-Recunostinta este una dintre cele mai puternice binecuvantari, daca nu cea mai puternica dintre toate. Un blestem se intoarce "doar" cu o putere de 7 ori mai mare decat cea cu care a fost pronuntat. Binecuvantarea, opusul blestemului, se intoarce intr-o masura mult mai mare la persoana care a rostit-o. Recunostinta se intoarce cu si mai mare rezonanta catre cel care a trimis-o. Recunostinta include, astfel, una dintre cele mai puternice binecuvantari care ofera vindecare si protectie. Oricine exprima recunostinta, face ceva minunat pentru semenul sau, dar si pentru el insusi.

Impamantenirea este esentiala pentru un stil de viata sanatos. Nimeni nu ar putea supravietui pe termen lung, pe o alta planeta, in costume si nave spatiale, fara cupole de protectie! Motivul sunt vibratiile diferite. Totul si toti trebuie sa se acorde pe aceeasi frecventa cu planeta mama. In caz contrar, ar interveni boala si moartea. Lipsa de impamantenire este, uneori, unul dintre motivele pentru care oamenii se imbolnavesc fizic, psihologic sau psihosomatic. Pentru ca Planeta a trecut acum la frecvente mai inalte decat cele ale intunericului, pamantul reprezinta o protectie deosebit de eficienta. Spune cat mai des cu putinta afirmatii de impamantenire:

Sunt conectat acum cu Mama Pamant. Sunt pe aceeasi frecventa cu Mama Pamant.

Tine minte: Ori de cate ori trimiti ganduri sau emotii negative (ura, frica, invidie, lacomie, dependenta, manie, gelozie, tristete), ele sunt o sursa de hrana pentru fortele intunecate. Aceasta fraza trebuie luata ad-literam, deoarece creaturile intunecate se hranesc cu energie distructiva. Traieste-ti suferinta si durerea, mania si furia, dar intoarce-te catre echilibru. Daca nu reusesti, apeleaza la sprijinul profesional al unor terapeuti. De asemenea, avand emotii negative e ca si cum ai purta o arma imaginara indreptata impotriva cel din jur. Astfel, iti slabeste scutul de lumina si iubire si devii vulnerabil la cele intunecate. Energiile intunecate pot provoca boli si tristete si ... si ... In cazul in care te simti sub influenta energiilor intunecate, du-te si inoata sau danseaza, asculta muzica frumoasa, dar nu te lasa influentat de intuneric!

-Cum se pot potrivi evenimentele de fiecare zi, de pe intreaga planeta, cu vibratiile emise de Pamant..? Si canalele de stiri, care transmit constant 24 de ore, repetand de multe ori aceleasi lucruri. Exista si evenimente pozitive care sunt importante. Ele de ce nu sunt transmise? ... Pentru ca imaginile socante si povestile de groaza trezesc energiile intunecate din voi - nu uitati niciodata puterea gandului. Oricat de importante ar fi stirile, ele nu au fost facute pentru a va informa. Cui ii pasa daca un sclav* este informat?

-Supus unui bombardament atat de puternic de energie, sa nu fi surprins daca becurile noi se vor arde brusc, iar aparatele electrice nu vor mai functiona ca de obicei. Cine lucreaza la calculator, ar trebui sa se asigure facand tot timpul copii fisierelor importante!

Cum sa transformi pericolul ascuns:

-Evita cipurile! Cardurile de credit au aparut doar pentru a va pregati treptat pentru implantarea unui cip. De acum incolo ar trebui sa platesti numai in numerar. Scopul general a fost: controlul complet al fiecarui om de pe Pamant (sclavi in robia muncii) si fiecare plata pe care o face. Cine se opune sistemului, i se blocheaza contul bancar si poate fi chiar arestat. Fortele intunecate cunosc in permanenta unde se ascund adversarii, deoarece cipul implantat le trimite continuu locatia prin satelit.

-Electrosmogul impiedica acele functii neurologice care ar fi necesare pentru ridicarea la vibratii mai inalte. Cu cat un dispozitiv se afla mai aproape de corp, cu atat mai mult submineaza frecventele inalte. Mass-media de divertisment si comunicare nu a fost facuta pentru placerea ta, ci pentru a te impiedica sa te acordezi pe frecvente mai mari si, prin urmare, in dimensiuni mai inalte. Motivul: Fortele intunericului nu pot ajunge decat la nivelurile inferioare ale celei de-a patra dimensiuni. Elimina cat mai multe dintre aparatele electrice, vorbeste la telefon doar strictul necesar si nu din plictiseala si nu mai sta in mod inutil in fata calculatorului. Foloseste calculatorul doar pentru a lua legatura cu lucratori in Lumina. Acorda mai putina atentie la ce fac fortele intunericului, altfel energiile ti se vor concentra pe frica si furia pe care o raspandesc ele. Nu uita ca hrana fiintelor de intuneric sunt energiile negative!

Ajuta-ma te rog impotriva radiatiilor nocive: EU SUNT... si te rog, draga inger, aseaza protectia asupra mea. Te rog tine departe orice radiatii nocive si periculoase. Te rog ridica-mi vibratia si protejeaza-ma de energia intunecata, fa sa ma acordez la dimensiunile inalte din a patra dimensiune si de mai sus. -

Pentru ridicarea vibratiei, protectia impotriva energiilor intunecate si cresterea peste a patra dimensiune si dincolo, iti multumesc, draga inger. Pentru protectia impotriva radiatiilor, iti multumesc.

- Nu exista boli incurabile, dar ce companii farmaceutice, laboratoare de testari pe animale, spitale si cabinete medicale ar putea trai de pe urma unor pacienti sanatosi? Medicilor care se opun, chiar daca au cele mai bune rezultate si vindecari, li se ridica licenta, pe motiv de "neglijenta" in abordarea pacientului. Si, dupa cum s-a mentionat deja, bolile pot fi evitate in totalitate atunci cand ai un stil de viata corespunzator. Instructiunile sunt in carte, ar trebui doar sa le urmezi in mod regulat - cu exceptia cazului in care mai uiti. Exact de momentele astea de uitare profita fortele intunericului. Oamenii de stiinta considera aceasta uitare o boala, asa-numitul sindrom Alzheimer. In timp ce calcifierea si dementa sunt simptome legate de inaintarea in varsta, boala Alzheimer este un construct de arta pura a energiilor intunecate. Acest lucru explica de ce nu exista nici un leac pana acum. Chiar daca ar exista vreun remediu, se spune totusi: Cine este "bolnav" de Alzheimer, atrage in mod inevitabil energii intunecate. In jurul varstei de 30 de ani, aceasta "boala", se instaleaza insidios si pe neobservate. Daca vrei sa te aperi de Alzheimer, o poti face de mai multe ori pe zi, cu ecrane de energie protectoare. Oricine este deja "bolnav" sau suspect de Alzheimer, se poate proteja pentru ca influentele sa nu se mai raspandeasca. **Rugaciune de izolare preventiva:**

Iubite inger, te chem!
EU SUNT... Te rog ridica acum o coloana alba de lumina pentru mine (si ...). Te rog, iubite inger, fa ca aceasta coloana alba de lumina sa ma protejeze de Alzheimer.

Pastreaza de acum inainte coloana de lumina in pozitie verticala.
Iti multumesc, iubite inger, ca ai ridicat o coloana alba de lumina pentru mine (si ...). Iti multumesc, iubite inger, ca ma protejezi pe mine (si pe ...) cu aceasta coloana de lumina impotriva Alzheimer.

O rugaciune simpla, scurta dar la fel de eficienta a fost creata si pentru persoanele deja afectate de Alzheimer. Chiar si intr-un stadiu avansat, aceasta poate fi citita de catre persoana care are grija de bolnav sau de mai multe persoane in cor:

Iubite inger, te chem! Iubite inger, fa te rog ca Alzheimer-ul meu sa nu se mai raspandeasca. Multumesc, EU SUNT...

Pentru cei diagnosticati cu Alzheimer sau suspecti de aceasta boala:

Draga inger, te chem in numele ...! Iubite inger, te rog, in numele ..., previno ca boala Alzheimer sa se raspandeasca in... Multumesc, in numele ...

Iata o protectie preventiva pentru toti cei care nu se pot exprima ei insisi (copii mici, bolnavi care nu mai pot vorbi, animale):

Iubite inger, te chem in numele ...!
Iubite inger, te rog, in numele ..., construieste acum o coloana alba de lumina pentru ... Te rog, in numele ... ca toate energiile daunatoare sa le tii departe de... cu acest pilon alb de lumina. Te rog, in numele ... sa transformi toate energiile daunatoare ale .... Te rog, in numele ..., sa mentii de acum incolo coloana alba de lumina pentru ... in pozitie

verticala. Te rog in numele ..., sa tii departe toate energiile bolii Alzheimer de... Te rog, in numele ..., converteste toate energiile bolii Alzheimer pentru... Te rog, in numele ..., transforma toate energiile bolii Alzheimer pentru.... Iubite inger, multumesc in numele ... ca ai ridicat o coloana alba de lumina pentru.... Iubite inger, multumesc in numele ... pentru ca tii departe de.... toate energiile daunatoare si boala Alzheimer, cu pilonul tau alb de lumina. Iubite inger, multumesc in numele ... ca ai transformat toate energiile nocive si energiile Alzeiheimer cu stalpul tau alb de lumina pentru...
Iubite inger, multumesc in numele ... ca ai ridicat o coloana alba de lumina pentru.... Iubite inger, multumesc in numele ...

-Atentie la hainele pe care le cumperi. Etichetele cu numele producatorului cusute in spate pot transfera energia la nivelul chakrei gatului si umerilor. Cu cat mai renumit este producatorul de imbracaminte, cu atat mai apropiat este de energiile intunericului. Chakra gatului este chakra responsabila, printre altele, de adevar si comunicare prietenoasa. In cazul in care ea e dezechilibrata, te vei lasa sedus de reclame, publicitate etc - Fii atent la toate hainele pe care le porti, din cap pana in picioare, la branduri, culori, etichete si imprimeuri. Ele afecteaza toate chakrele, de exemplu craniile de pe piept sau de pe spate (chakra inimii).

-Nu te apropia niciodata de un OZN! Roaga-te ingerilor din toata inima cu recunostinta, in cuvinte sau ganduri, sa-ti intareasca lumina si dragostea. Daca este un OZN de intuneric, acesta e, de obicei, tras pe dreapta. Fiintele intunecate se tem de lumina si iubire. **Rugaciune pentru lumina:**

Iubire inger, te chem!
EU SUNT... Te rog sa ridici acum un stalp alb de lumina pentru mine (si ..., casa si imprejurimi). Pastreaza coloana de lumina atat timp cat consideri potrivit.
Multumesc, inger drag

-Banii nu sunt altceva decat sunet si fum. Banii te fac puternic doar atata timp cat sunt persoane care lucreaza pentru bani. Indiferent de ce ti se promite, stai departe la bani! Stai departe de bani - iar cei intunecati vor avea parte doar de niste cifre in loc de putere!

Energie christica:

-Energia christica este energia pe care Hristos a raspandit-o in vremea sa. Aceasta energie cunoaste doar iubirea universala, care nu exclude pe nimeni si nimic. Cine poarta energia lui Hristos in sine, nu poate manifesta emotii negative. Oricine primeste energia lui Hristos in sine, se transforma in adevarata divinitate*, si nu in cea propovaduita de religii, care a ingaduit razboaiele religioase, bolile, inchizitia, Holocaustul si altele asemenea, in trecut ca si in prezent.

Oricine reinvie dragostea lui Hristos in sine, se ridica pe frecvente inalte, formand astfel un zid de aparare impotriva a tot ceea ce este intunecat si negativ, deoarece ambele rezoneaza cu frecvente joase. Entitatile intunecate, care transporta numai emotii negative, vibreaza, in consecinta, la frecvente joase.

Nu este posibil ca fiintele de intuneric sa se ridice pe vibratii inalte, decat daca renunta la emotiile negative. Prin urmare, cine este acordat la frecvente inalte, este dincolo de intuneric!

Fiintele acordate pe frecventa inalta sunt capabile sa observe fiintele de pe joasa frecventa, pot asculta ce spun si stiu intotdeauna ce fac si unde sunt. Acest lucru nu este posibil in sens invers. Ceea ce e acordat la vibratii joase nu percepe si nu interfereaza cu fiintele acordate la frecvente ridicate. Acesta este si motivul pentru care cei mai multi oameni de pe Pamant nu pot vedea, de exemplu, ingerii. Ingerii se afla pe o frecventa mult mai inalta decat oamenii de pe Pamant.

Cum pot atunci oamenii sa se acorde la frecvente mai inalte? Puteti face asta prin renuntarea la emotiile negative si prin evitarea locurilor si semenilor care va incarca cu emotii negative, urmand instructiunile din aceasta carte.

Cat timp dureaza ca pamantenii sa se elibereze de toate sentimentele negative, si sa nu se mai incarce cu emotiile negative ale altor semeni? Fiecare isi poate rezolva aceasta problema in mod individual si nimeni nu ar trebui presat sa o faca. Este vorba de un proces. Pana la incheierea lui, este nevoie de timp.

Ceea ce e important, e sa nu te simti vinovat daca ai recazut intr-o vibratie joasa. O constiinta vinovata rezoneaza profund si devine vulnerabila la intuneric. Intunericul poate speria si crea confuzie, poate fi cauza unor boli, accidente etc. Energiile intunericului stau in asteptarea unei constiinte incarcate. Chiar daca ti se intampla sa recidivezi, trebuie sa intelegi ca e vorba de un proces care necesita multa daruire. Acorda-ti timpul de care ai nevoie, renunta la orice tip de stres si asta iti va aduce in cele din urma cel mai mare succes.

Traiti impreuna cu copiii vostri vieti de frecventa inalta. Daca nu aveti copii, traiti printre tanara generatie. Consumati doar alimente si purtatia doar haine de vibratie inalta, permiteti numai frecventele inalte in casele voastre, tratati-va semenii si fiintele din jurul vostru doar cu vibratii inalte.

Desigur, fiintele de intuneric se tem ca oamenii de pe Pamant se sustrag puterii lor, si de aceea arunca pe piata valuri de produse cu vibratii joase. Din acelasi motiv, manipuleaza comportamentul oamenilor de pe Pamant, pentru a-i impiedica sa se ridice pe frecvente mai mari de ascensiune. Ridicare pe frecvente mai inalte inseamna ascensiunea catre dimensiuni mai inalte. In dimensiunile mai inalte, constiinta christica este pe deplin traita.

Aceasta constiinta pe care Isus Hristos a trait-o in timpul incarnarii sale, se va intoarce. Nu Isus insusi se va intrupa pe Pamant, ci constiinta christica va fi cea care va reveni. Acesta se va intoarce in noua era.

In 21 decembrie 2012, aceasta noua era a inceput, este Era Varsatorului. Varsatorul este, printre altele, simbolul eliberarii. Isus a trait in alta era, in epoca Pestilor, pestele, simbolul lui Hristos (constiinta). Profetiile din Biblie* spun ca intr-o noua era va reveni Hristos. Insa constiinta christica este cea care se va intoarce.

De altfel, in multivers nu exista coincidente. Nu este o coincidenta faptul ca harta Romaniei apare sub forma unui peste!

Glosar

21 decembrie 2012	Inceputul Erei Varsatorului
Afirmatii	sunt inserate in ADN-ul corpului fizic.corpul material, emotional - suflet (Hristos) - si corpul astral.
Al treilea ochi	este chakra fruntii/glanda pineala. Inregistreaza informatii si le converteste in mod corespunzator. Tot ceea ce activeaza al treilea ochi, reactiveaza de asemenea ADN-ul scos din uz al oamenilor de pe pamant.
Anunnaki	forme de viata de rasa reptiliana; astazi, o societate scindata, parte linistita, parte razboinica
Arhanghel	conduce cetele de ingeri (Mihail etc.).
Atlantida	Aceasta a existat in Atlantic. Civilizatia s-a raspandit in regiunile de coasta si, in continuare, in interiorul continentelor din jur.
Baia Mare	Oras din nord-vestul Romaniei, fondat de atlanti, ocupat de romani (Baia Mare, din lat:. baie mare). Ruinele bailor romane de auci sunt dovezi in acest sens.

Bizant	Oras fondat de atlanti; Bizanteste numele unui Preotese din Atlantida
Cetacee	Balene - mamifere, dar si creaturi foarte dezvoltate. Balenele cresc frecventa pamantului, iar cetaceele evoluate sporesc vibratia in structuri complexe.
Chakre, pl.Chakra, sing.	Chakrele sunt vortexuri de energie; principalele chakre sunt situate in zona crestetului capului, in frunte (glanda pineala), in zona gatului, in zona pieptului (inima), in zona plexului solar, in zona ombilicala, in zona sacrala (chakra radacina/de baza)
Channels, pl.; channel, sing.	Engl:. Canal/ canale. Persoane capabile sa primeasca mesaje din lumea spiritelor, ei aud vocile fiintelor de dincolo.
Clarviziune	Perceptia de voci sau imagini din alte dimensiuni
Constantinopol	Bizantul, redenumit de catre imparatul Constantin, in prezent Istanbul
Divinitate	-> Dumnezeu (dumnezeire)
Dragon	flux venit direct de la soarele central divin. Toata lumea are un dragon personal. - Dragonii ar trebui sa protejeze oamenii de intuneric. Fortele intunecate au

	facut in asa fel ca oamenii sa se teama, in mod gresit, de dragoni. Pe teritoriul Romaniei de astazi a fost vazut ultimul Dragon in urma cu 5000 de ani. Datorita cresterii vibratiilor, unele persoane pot vedea din nou dragoni.
Dumnezeu (dumnezeire)	Dumnezeu este Soarele Central si esenta cea mai sofisticata a multiversului. Se compune din energie masculina si feminina, deopotriva.
Energii: feminine, masculine.	Energiile feminine sunt echilibrate, empatice, orientate spre interior, etc.; energiile masculine sunt solicitante, structurante, orientate spre exterior etc.
Frecventa Pamantului	Pana in 1950, frecventa pamantului era de 8 Hz, in anii 1980 valorile erau deja aproximativ 14 Hz, astazi s-a ajuns la nivelul de 21,1 Hz, trendul fiind ascendent (ingerii au o frecventa de 22 Hz).
Ghizi spirituali	au grija de corpul subtil in timpul somnului si dupa iesire din trupul fizic.
Glanda pineala	organ din creier responsabil de receptarea si transmiterea vibratiilor (ganduri etc.) Receptarea vibratiilor din

	multivers si trimiterea vibratiilor catre multivers.
Ingeri	sunt fiinte luminoase care se ocupa, impreunacu alte fiinte de lumina, de implinirea divina.
Ingerul pazitor	Fiecare entitate are un inger personal, ingerul pazitor. Ingerul pazitor poate ajuta chiar si fara o solicitare explicita din partea entitatii pe care o insoteste, cu exceptia cazului in care ar interveni in planul sufletului sau sau in karma.
Intuneric	Sunt toate rasele care lucreaza pentru fortele intunericului prin aservire, exploatare, manipulare etc.
Karma	cuvant sanskrit: a face - karma este un program de invaTare care va ajuta sa nu repetati aceleasi greseli si erori iar si iar. Adica "invatam facand".
Lemuria	Continent in Pacific - dupa prima scufundare, a devenit un complex de insule, inainte de a disparea cu totul.
Lucrator/-oare in lumina	Sunt de ajutor cu frecventa lor de vibratie inalta si cu abilitatile lor (channelling, telepatia, etc.), in combaterea fortelor negative ale intunericului.

Maestri ascensionati	Oameni, care si-au ridicat vibratia, devenind o parte a constiintei mai inalte. Singura exceptie este Serapis Bey, un inger care s-a intrupat in fiinta umana, ridicandu-se apoi ca Maestru.
Manifestare	Manifestarea este concentrarea mintii, emotiei si sufletului pentru implinirea unei dorinte. Energia concentrata eliberata se intoarce ca o rezonanta ("dorinta implinita "). Cu cat mai multe spirale de ADN sunt activate, cu atat mai puternica este aceasta capacitate.
Meditatie	Chakrele absorb energia.
Mihail, Arhanghelul	este, printre altele, responsabil de protectia impotriva fortelor intunecate si intarirea propriile forte (ascunse).
Multivers	Exista mai multe universuri in spatiu.
Munca de sclav	Vinderea unei rase numeroase la o valoare echivalenta sau dominarea ei, este o practica a raselor dominante supuse fortelor intunericului.
Nebadonia	Casa universala a omenirii de pe Pamant
Nil	Fluviu in Atlantis; semnificatie: 42 (42 km adancime sub Sfinxul romanesc, construit de Sirieni*

	(schelete de giganti). Inca mai traiesc in pace in Romania si Bosnia-Hertegovina, dar sunt invizibili pentru ochiul uman.
Ocarina	instrument muzical facut din lut - proiectat in mod deliberat sub forma unui ochi si a glandei pineale.
Pamant	Corpurile ceresti sunt corpurile eterice ale fiintelor subtile. In diferite rase de stele, Pamantul are diferite denumiri, precum Lady Gaia, Lady Solvana, Lady Urantia etc.
Parintii cosmici	Acestia creeaza cu energiile lor spirituale, din care sunt create entitati. La baza oricarei entitati sta energia. Esenta simte aceste abilitati sub forma de talente si preferinte.
Planul sufletului	Inainte de intrupare, sufletul isi face un plan, care trebuie indeplinit in timpul unei vieti. Toate planurile sufletelor depind unele de altele, sunt conectate direct si au (daca se implinesc!) un efect pozitiv asupra multiversului.

Profetiile Bibliei	(energie) christica - revenire: Ioan 14: 1-3 Faptele apostolilor 1: 10-11 Luca 21, 27 Apocalipsa 1: 7 1 Tesaloniceni 4: 16-17 Matei 12, 16, 22 - 24, 26, 27, 36, 37-39, 42 Luca 21, 34-36 2 Petru 3: 8-9 Tit 2: 11-14 Evrei 9, 28 1 Corinteni 1: 7-8
Rafael, Arhanghelul	El este responsabil, printre altele, cu vindecarea de toate tipurile si promovarea muncii usoare.
Raspunsuri	transmisie telepatica de energie vibrationala
Raziel, Arhanghelul	El este responsabil, printre altele, de eliberarea de necazuri si ajuta la realizarea sarcinilor.
Rugaciune	Cereri (care sunt invocate)
Santorini	legat de scufundarea Atlantidei partial distruse (Santorini: numele unei preotese Atlante).

Sclav	->munca de slav
Scopul vietii	Este misiunea unei vieti, cu scopul de a satisface planul sufletesc.
Shakti, zeita	energia primara feminina a multiversului, entitate sofisticata cu putere creatoare si inalte abilitati divine
Sirius	Sirienii* au ales o viata pasnica, si-au parasit sistemul solar unde s-au nascut si s-au stabilit in sistemul de stele Sirius (denumit in prezent Marele Caine, mai cunoscut sub numele de Sirius din cauza celor doua stele foarte luminoase Sirius A si B). De atunci, sunt cunoscuti de oamenii de pe Pamant drept Sirieni. Adevaratii rezidenti de pe Sirius le-au permis sa se stabileasca in sistemul lor solar. Actualii locuitori de pe Sirius sunt creaturi feline, cu mers in pozitie verticala, pacifiste si sofisticate.
Suflet pereche	Se cauta reciproc si se sprijina pentru implinirea planului sufletului.
Timisoara	denumire cu semnificatie, lat.-turc.: in mod repetat, (candva traversat de parauri de apa). - Undeva in Timisoara este Templul eteric al Flacarii Violet, condus de Asana

	Mahatari. - Nu e in Carpati, si nici in alte locatii, dupa cum se crede in mod eronat!
Unicorni	sunt cai fiinte de lumina ascensionate. Dupa ce si-au abandonat corpul fizic, ascensiunea lor are loc in Templul eteric al Flacarii Violet deasupra orasului Timisoara. Din al treilea ochi ei emit energie de lumina (cu infatisarea unui corn). - Fiecare om are un unicorn personal, care ii da putere si este de ajutor sufletului.
Vindecator / vindecatoare	Persoane cu suflet foarte batran, care detin metode de vindecare de mult uitate.

Cele opt corpuri - dinspre interior spre exterior

1. Corpul fizic (corpul material) - corpul inferior

-Corp din materie condensata (solid)

-Celulele corpului se reinnoiesc continuu, la fiecare sapte ani apare un "nou"organism

-Corp material, fizic, solid care te va parasi la sfarsitul unei incarnari

2. Corpul eteric - corp inferior

- Imaginea corpului material fizic

-El recepteaza energii subtile dinspre pamant si dinspre multivers, senzorii sai fiind chakrele

-Transmite energia vitala catre corpul material-fizic

-Se conecteaza cu energiile altor fiinte si lucruri: telepatia

-Isi aminteste misiunea vietii

-Vindecarea se realizeaza prin corpul eteric-festst. Separarea corpului fizic de corpul eteric: durere, strigat: auto-anestezie)

-Corpul eteric se dizolva la capatul lantului de incarnari

3. Corpul astral (Merkaba) - corp inferior

- poarta corpul emotional

-Aici se nasc dorintele, instinctele, dar si altruismul si deciziile din viata de zi cu zi

-Corpul astral evoluat: calatorii constiente in lumile astrale (= lumile subtile)

-Corpurile astrale dezvoltate: calatorii astrale in timpul somnului (de predare si / sau de invatare sau lucru cu karma)

-Corpul astral neevoluat: pluteste deasupra corpului fizic-solid, corpul adormit

-Corpul astral este conectat cu corpul fizic printr-un cordon energetic (numit si cordonul de argint), si aluneca inapoi in corpul material fizic dupa ce calatoreste, cu o "tresarire" tipica a spatelui.

-Corpul astral se dizolva la capatul lantului de incarnari

4. Corpul emotional - corp inferior

-Reincarnari

-Zona subconstientului

-Zona de perceptie a matricei (iluzie)

-Corpul emotional evoluat: calatoreste in lumile astrale

-Corpurile emotionale evoluate: calatorii astrale in timpul somnului (de predare si / sau de invatare sau lucru cu karma)

-Corpul emotional neevoluat: pluteste deasupra corpului fizic-solid, corpul adormit

-Corpul emotional este conectat cu corpul fizic printr-un cordon energetic (numit si cordonul de argint), si aluneca inapoi in corpul material fizic dupa ce calatoreste, cu o "tresarire" tipica a spatelui.

-Corpul emotional se dizolva la capatul lantului de incarnari

5. Corpul mental - corp inferior minte

-Furnizor de energie pentru creierul material fizic

-Imagerie mentala, Imaginatie

-Cunoasterea, inca de la inceputul timpului, este salvata aici

-recunoasterea planului sufletului

-In asociere cu corpul mental si emotional: intuitie, inspiratie

-Corpul mental vindeca corpurile eteric si emotional (are un plus de intuitie si inspiratie)

-Doar cu un corp mental limpezit se poate atinge iluminarea (nu mai exista impulsivitate, ci un sens mai inalt al tuturor lucrurilor)

-Numai intr-un corp mental limpezit poate avea loc manifestarea

-Numai intr-un corp mental clarificat poate fi perceput adevarul adevarat

-Corpul mental se dizolva la capatul lantului de incarnari

6. Corpul cauzal - corp superior

-Gandire abstracta, intelegere matematica

- Privire retrospectiva in vietile anterioare

-Premonitii

-Viziuni

-Mesaje

-ramane la sfarsitul lantului de intrupari

7. <u>Corpul suflet (corpul christic) - corp superior</u>

- corpul sufletesc este numit pur si simplu suflet

- Sinele Superior (poseda atotstiinta divina)

- intuitie superioara

- intelege legile vietii

- constiinta christica

-Maestrul Vindecator (vindecari "miraculoase", practicile lui Isus Hristos, arte de vindecare, cum ar fi Reiki)

-ramane la sfarsitul lantului de intrupari

8. <u>Corpul spirit- corp superior</u>

-EU SUNT (conexiune cu soarele central cristalin din multivers, cu puterile divine si constiinta divina)

-Fara limite in actiuni, idei sau dorinte

-ramane la sfarsitul lantului de intrupari

Pune totul in miscare!

Am o mare rugaminte la tine: Traieste o viata luminoasa, caci o viata traita in lumina este un bun exemplu, si nu vei fi dezamagit!

Foloseste retelele sociale, pentru a raspandi o viata traita in lumina. Cei care vorbesc limbi straine, pot raspandi mesajele de lumina din aceasta carte. Vorbeste oamenilor despre curajul de a trai luminos.

Nu te lasa descurajat de nimic, caci intunericul va veni mereu cu ceva pentru a te limita. Ramai ferm! Ai intreaga lume spirituala in sprijinul tau, legiuni intregi de fiinte si de stele prietenoase care te sustin.

Te poti astepta ca fortele intunericului sa-i denunte pe toti cei ce-si doresc o viata plina de lumina. Te vor face sa te simti ridicol si vor incerca sa te intimideze - la fel cum au facut-o cu mine! Dar, dupa cum se poate vedea, nu m-au putut opri sa public aceasta carte ...

Caracterul urgent al rugamintii mele are un fundal serios. Nu mai am prea mult timp, caci nu voi mai trai multi ani in aceasta dimensiune, din cauza unor boli serioase de care sufar. Traieste dupa aceasta carte si, peste cateva generatii, bolile vor fi eradicate!

Cand voi putea, voi lucra si la pagina mea de Facebook. Mai verificati din cand in cand.

EU SUNT Josephine

Recunostinta

Din toata inima, vreau sa le multumesc tuturor celor care m-au sprijinit telepatic in aceasta carte.

In primul rand, vreau sa-i multumesc ingerului meu pazitor* si tuturor celorlalti ingeri care au fost mereu alaturi de mine si mi-au raspuns la intrebari. Le sunt indatorata pentru corecturi, pentru rugaciuni, afirmatii si raspunsuri.

Mai mult decat atat, as dori sa multumesc sincer intregii lumi a spiritelor. Un mare multumesc, de asemenea, unicornului* meu, Dragonului* si ghizilor spirituali*. Fara ei, as fi ratat planul sufletului meu.

Nu in ultimul rand, as dori sa multumesc sincer sufletului meu pereche, celorlalti ingeri si maestrilor ascensionati* care m-au ajutat, in ciuda bolilor mele, sa-mi indeplinesc planul de viata.

Toti mi-au dat putere, mi-au dat curaj si m-au sprijinit cu iubirea si energiile lor atat de puternice. De asemenea, doresc sa le multumesc tuturor celor care nu sunt mentionati aici, pentru ca au fost atat de multi incat mi-ar fi imposibil sa ii trec pe toti, ca sa nu mai vorbesc despre cei ale caror nume nici nu le stiu.

Cred ca nu gresesc atunci cand va indemn, si din partea lor: Traiti o viata plina de lumina! Ramaneti impreuna! Nu-i lasati sa va intimideze! Raspundeti tuturor cu dragoste!

Cu multa lumina si iubire va multumesc tuturor

EU SUNT Josephine

Note personale

Note personale